NORA la INVENTORA

Y LOS OGROS diminutos

Nora la Inventora

y los ogros diminutos

Zanna Davidson
ILUSTRACIONES: Elissa Elwick

sumario

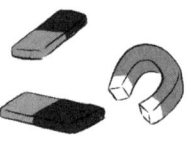

EXPERIMENTOS científicos 122

Esta es Nora

Nora quería ser...

la mejor inventora

de TODOS los tiempos.

Esta niña siempre había creído en la **CIENCIA** (*nunca* en la *magia*), hasta que, un buen día, un hada apareció por sorpresa en su cuarto y dijo...

Hola, soy Petalito de Alhelí, tu hada madrina.

El hada le regaló un unicornio (a pesar de que jamás había querido uno)...

y la envió al país de los cuentos (un sitio que no creía que existiera).

Desde aquel día, la vida de nuestra amiga Nora **cambió** para siempre...

CAPÍTULO UNO
UN pequeño descuido

Nora había cometido un **pequeño** descuido. Cuando viajó al **país de los cuentos** para intentar rescatar al unicornio Macedonio de acabar aplastado bajo una torre que iban a derribar unos ogros ENORMES...,

logró *encoger*
a los gigantones

y **salvar** a su amigo...,

¡Vivaaa!

pero, sin darse cuenta, se llevó a
su mundo a los ogros y, esa misma
noche, los muy malandrines...

¡SE FUGARON!

A la mañana siguiente, vinieron del país de los cuentos a regañarla las hadas Petalito de Alhelí y Airada.

¡Necesitamos que regresen los ogros!

Las cosas se han puesto muy feas en el país de los cuentos.

Airada era un **hada malvada** que ahora *intentaba* ser buena, pero dado que su mirada seguía siendo de lo más aterradora, Nora no estaba convencida...

"Nos hemos traído a Macedonio para que te ayude", anunció Petalito de Alhelí. "Tenéis que **ENCONTRAR A LOS OGROS** y llevarlos de vuelta al país de los cuentos".

"¿A qué tanto revuelo?", quiso saber Nora. "Yo creía que la desaparición de los ogros sería algo **bueno**".

¡Pues no lo es! Has alterado el equilibrio de nuestro mundo.

Normalmente, los ogros mantienen a raya a los osos y los lobos...,

que ahora se dedican a perseguir a las brujas y los magos.

Sin la vigilancia de las brujas y los magos, los duendes están descontrolados...

¡Las varitas!

y no paran de hacer perrerías a las hadas.

Y, sin hadas, TODO es un despropósito en el país de los cuentos.

¿Dónde está mi hada madrina?

"*¡Vaya!*", exclamó Nora al tiempo que esbozaba un esquema. "Es como una pirámide trófica donde falta el superdepredador".

¿Qué es eso de poner a las hadas abajo del todo?

Pirámide del país de los cuentos

Nivel 5

Ogros arriba

Nivel 4

Nivel 3

Nivel 2

Nivel 1

Hadas abajo

"No podemos perder el tiempo con charlitas", interrumpió Airada, el hada todavía malcarada. "Buscad a esos ogros, porque SI NO...".

"SI NO ¿qué?", preguntó Nora.

"¡No volveréis JAMÁS al país de los cuentos!", sentenció irritada. "Tú tampoco, Macedonio".

Airada, sigues hablando como un HADA MALVADA.

Todavía estoy aprendiendo. Dame tiempo.

"Lo que pasa es que hoy tenemos un **CONCURSO DE INVENTOS** en la BIBLIOTECA y aún no he acabado lo que iba a presentar".

Airada la miró con desinterés. "Eso me importa tres pimientos", le dijo entregándole un objeto.

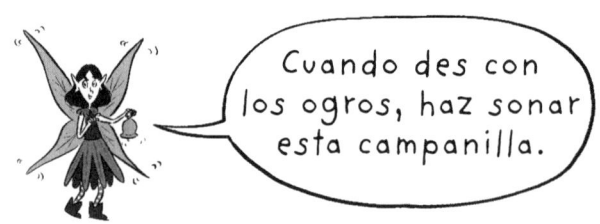

CAPÍTULO DOS
Inventos y disfraces

Nora abrazó a Macedonio y le dio una galleta. "No temas", lo calmó. "¡Encontraremos a esos ogros!".

El misterio de los ogros desaparecidos

¿Qué sabemos de los ogros?

* Sus GRUÑIDOS son atronadores.

* Están hechos de PIEDRA casi por completo.

* En el país de los cuentos, tienen fama de MALVADOS y ATERRADORES.

* SE DESMADRAN con facilidad.

* Ahora miden unos 6 cm de alto (desde que los encogimos con agua la última vez que fuimos al país de los cuentos).

* Son NUEVE en total.

¿Dónde deberíamos buscarlos?

* La última vez que los vimos fue anoche a eso de las nueve. Huyeron por los tejados.

* Y desaparecieron en EL PARQUE.

¿Quién va a buscarlos?

* Nora, la inventora

* Macedonio, el unicornio

* Rosa (mi hermana pequeña) también presenció la desaparición de los ogros, pero esta vez no puede ayudar porque está en clase de kárate.

"¡Primero vamos al parque!
No queda muy lejos", propuso
Nora con el plano en la mano.

"Pero ¿cómo vamos a CAPTURAR
a los ogros?", preguntó Macedonio.

"Por suerte", repuso Nora, "tengo unos artilugios que he inventado para **cazar** insectos y que seguro que también sirven para atrapar a esos ogros tan revoltosos".

Gracias a esta trompetilla, los oiremos.
¡Qué buena red!
Este aspirador de bichitos, creo que también servirá para ogros.

"Tengo una bolsa mágica para guardarlos", añadió Macedonio. "Y te digo una cosa: si los pillamos rápido, te dará tiempo de llegar al **CONCURSO**. Si quieres, te ayudo. Por cierto, ¿qué invento es?".

"Una cosquilladora", le dijo Nora. "Una máquina que hace cosquillas. De momento, solo la he dibujado".

COSQUILLADORA DE NORA

Globo

Plumas

Pajita

Cordel

pinza

Sentido del desplazamiento

Flujo de aire

"La idea se me ocurrió porque yo tengo muchas cosquillas, pero no sé si funcionará", explicó.

El aire que salga del globo debería hacerlo avanzar por el cordel en sentido contrario. Esa es la teoría...

Pero... ¿y si se atasca la pajita o el aire acaba saliendo demasiado rápido?

"Entiendo", contestó Macedonio con cara de prestar atención, aunque en realidad estaba pensando en lo mucho que le gustan las **tartas**.

"No te preocupes", rio Nora.
"Ya lo resolveré", añadió mientras
hacía su mochila CIENTÍFICA.

Me llevo mi
cuaderno de notas,

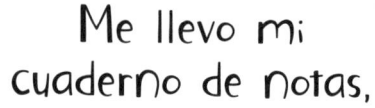

el mapa del país
de los cuentos,
por si las moscas...,

mis artilugios para
CAZAR insectos,

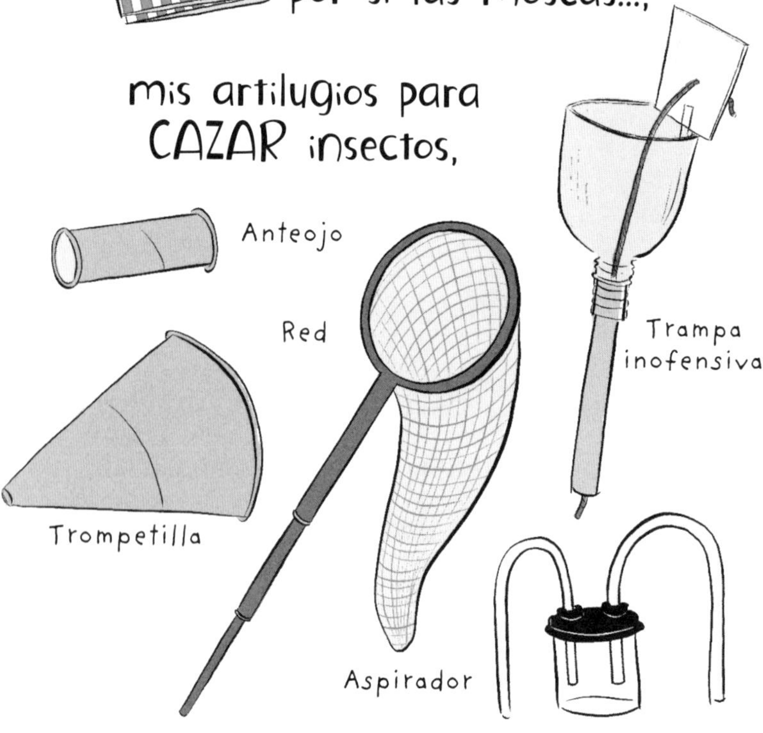

Anteojo

Red

Trampa
inofensiva

Trompetilla

Aspirador

otras cosas útiles...

Alambre

Imanes

Cinta adhesiva

Destornillador

Brújula

Tijeras

Lupa

y todo lo que necesito para mi cosquilladora.

Con suerte, podré montarla y probarla.

"Lo siento", intervino Macedonio. "Creo que no soy de gran ayuda... A mí no se me ocurriría nunca un invento como los tuyos".

¿Qué dices? ¡La ciencia es para todos!

"¿Tú crees que sería capaz de inventar algo también?", preguntó el unicornio.

"¡Pues claro!", respondió su amiga. "Confío al 100% en tus capacidades".

"En ese caso, me pondré a pensar en inventos", se animó Macedonio. "Quizás algo para hacer galletas".

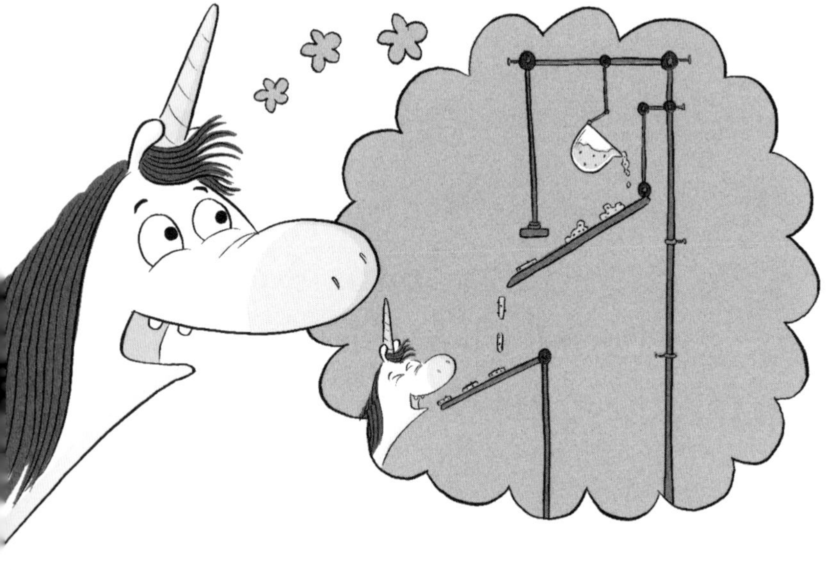

¡Qué emoción!
Otra vez nos vamos
de AVENTURA...
¡y a un parque!

Jamás
he estado
en uno antes.

"No sé...", dudó Nora. "No creo que sea buena idea que vengas **conmigo** al parque, Macedonio".

"**¿POR QUÉ?**", preguntó su amigo. "Yo creo en los unicornios, pero la mayoría de la gente *no*. Lo más parecido a un unicornio que hay en nuestro mundo es un caballo".

"¡Ya sé! Nora, ¿qué te parece si voy al parque **DISFRAZADO** de caballo?", sugirió Macedonio.

Nora lo miraba horrorizada.
"¡Imposible! Solo podrías venir
conmigo si te volvieses **iNViSibLe**".

"¡Increíble! ¡Eres completamente invisible!", exclamó maravillada Nora. "¡Empecemos ya la misión!".

CAPÍTULO TRES
Dientes de acero

Una media hora más tarde, Nora entraba en el parque acompañada por su padre (y Macedonio, claro).

Por el camino no hubo mayores contratiempos, menos cuando Macedonio tropezó y soltó un...

"¡Por los bigotes del gato con botas!".

a voz en grito, con medio cuerpo completamente a la vista.

El padre de Nora se paró muy sorprendido, pero la niña lo distrajo con saltitos y quejidos, como si se hubiera hecho daño en el pie.

En cuanto su padre se sentó a leer en un banco, Nora y Macedonio salieron en busca de los **OGROS**.

"¿Qué te parece si lo **sacudo** y así atrapas a los mini ogros en cuanto asomen sus cabecitas?", propuso el unicornio.

"¡Genial!", repuso Nora.

Por desgracia, los ogros resultaron ser demasiado rápidos.

Y también **MUY LISTILLOS**.

"Nada, se han vuelto a meter en el seto todos", dijo algo desanimada Nora. "¿Y ahora cómo hacemos?". En ese momento se dio cuenta de que la red tenía un agujero. "¿Cómo puede ser?", preguntó con sorpresa.

"Ay, no te lo he dicho", se disculpó Macedonio. "Los ogros tienen dientes **DE ACERO**".

Nora sonrió al oír esto.

¡Qué buena noticia!

¿Buena?

"El acero es magnético", dijo Nora. "O sea, que los IMANES lo atraen. ¡Tenemos que construir un RECOGEDOR MAGNÉTICO!".

Y dicho esto, se puso a hojear concentrada su **CUADERNO DE NOTAS**.

¡Bingo! ¡Aquí está!

RECOGEDOR MAGNÉTICO
(otro invento de Nora)

Materiales: • un palo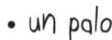

• Cinta adhesiva

• un imán grande

Instrucciones:

1. Pega el imán con cinta adhesiva en un extremo del palo.

2. Sostén el RECOGEDOR MAGNÉTICO cerca del objeto que quieras atrapar.

* El objeto debe estar hecho de un metal magnético como el hierro o el acero.

3. No hace falta que te acerques demasiado al objeto, ya que el imán lo atraerá siempre que no pese mucho.

El RECOGEDOR MAGNÉTICO funciona a través del agua...

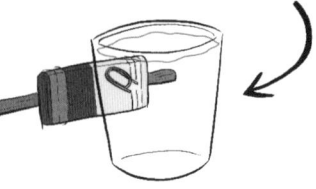

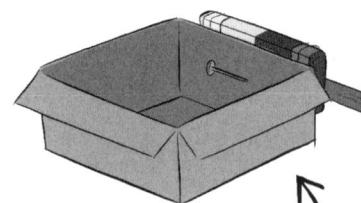

e incluso a través de objetos sólidos, como cajas de cartón.

4. Con tu RECOGEDOR MAGNÉTICO podrás averiguar qué metales atraen los imanes.

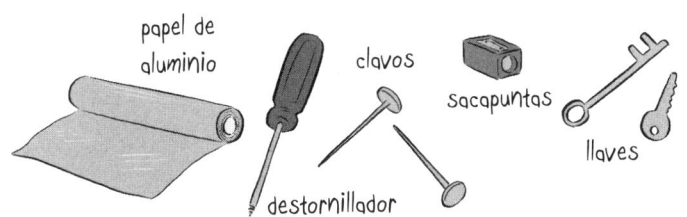

papel de aluminio

clavos

sacapuntas

llaves

destornillador

¿Qué hace un imán?

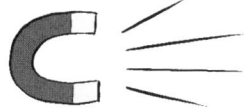

Los imanes son metales que atraen otros metales, como el hierro o el acero, gracias a una fuerza invisible que producen a su alrededor, llamada FUERZA MAGNÉTICA. La zona donde actúa esta fuerza invisible se llama CAMPO MAGNÉTICO. Si un objeto magnético está dentro de un campo magnético, el imán lo atraerá y el objeto se moverá hacia él sin que nadie lo toque.

¡Ojo!

Los imanes no atraen todos los metales. Los objetos que contienen hierro o acero son los más magnéticos. El aluminio, por ejemplo, no es un metal magnético.

"Ya tenemos nuestro **RECOGEDOR MAGNÉTICO**", anunció feliz Nora. "Pásame la bolsa mágica para ogros", dijo metiendo el palo en el seto.

¡Uno y dos ogros!

Tres, cuatro y cinco...

Seis, siete, ocho...

¡Y nueve! Están todos. ¡Lo conseguimos!

Ahora tenemos que entregárselos a las hadas.

Con lo bien que vamos, seguro que llego al CONCURSO DE INVENTOS.

"Voy a tocar la campanilla", dijo Macedonio, sin perder ni un solo minuto.

¡TILÍN! ¡TILÍN!

En ese preciso instante, apareció una nube de chispitas.

Si atravesamos la nube, llegaremos enseguida al país de los cuentos.

Pero mi padre se va a preocupar si no me ve.

"No tardaremos nada", aseguró
el unicornio. "Además, siempre dices
que al regresar del país de los cuentos
es como si no hubiera pasado
casi el tiempo".

Nora echó
un vistazo...
Su padre leía
tan feliz.

"*Porfiii*", rogó Macedonio.

"¡Vaaale!", cedió la niña con
la bolsa de ogros bien agarrada.
"¡Vayamos al país de los cuentos!".

Intentó subir a lomos de su amigo,

pero se cayó.

¡Sapos y culebras!

No creas que
es fácil subirse
a un unicornio
invisible.

Al segundo intento,

¡LO LOGRÓ!

Juntos, **atravesaron** la nube
de chispitas que llevaba al
país de los cuentos.

CAPÍTULO CUATRO
caos total

"¡Por fin!", exclamó Macedonio al quitarse la capa **invisible**. "Daba un calor...".

"No estoy muy **seguro** de dónde estamos", añadió el unicornio después. "Y no hay ni rastro de Petalito de Alhelí ni de Airada".

Vamos a mirar el mapa del país de los cuentos.

PAÍS DE LOS CUENTOS

BALNEARIO
DE LAS HADAS

BOSQUE INCOMESTIBLE

MONTE
MALDITO

HABICHUELA
MÁGICA DE
JUAN

LAGO DEL HONDO
LAMENTO

RESIDENCIA PARA
HADAS MILENARIAS

RESIDENCIA
PARA DUENDES
MILENARIOS

SALÓN DE BELLEZA
DEL OGRO

CIÉNAGA DE LA PESTE
SUPREMA

BOSQUE DE LOS CUENTOS
(CON DUENDES)

CASTILLO
DE LA BELLA
DURMIENTE

PÁRAMO DE LA DESOLACIÓN
(DONDE VIVEN LOS ELFOS
DE LA ESCARCHA)

BOSQUE IMPENETRABLE DE ESPINOS

BOSQUE DE
LOS CUENTOS
(EL OTRO)

PRADERAS
DEL ETERNO VERANO

CASA DEL ENANO SALTARÍN

GRANJA DEL PAÍS DE LOS CUENTOS

CASITA DE BLANCANIEVES

"Eso de ahí parece una granja", dijo Nora señalando a la izquierda. "Debe de ser la que sale aquí abajo en el mapa".

"¡Que **TE AGACHES**, Nora!", repitió Macedonio. "Se aproxima volando a **TODA VELOCIDAD** un grupo de hadas. Hay que apartarse de su camino".

En cuanto Nora y Macedonio estuvieron a cubierto, vieron pasar volando despavoridas unas cien hadas.

Tras las hadas venía un nutrido tropel de duendes cascarrabias que las atacaba con bolas de barro.

Unos segundos más tarde,
pasaron dos brujas y un mago
con cara de preocupación.

Luego, se hizo el **silencio**.
"¿Salimos ya?", propuso Nora
al ver que no aparecía nadie más.

¡Grrrrr!

"Mejor esperamos", repuso su amigo justo a tiempo.

¡Auuuuu!
¡Grrrr! ¡Grrr!

¡PUM!

61

Después de pasar las fieras, oyeron aproximarse más **pisadas fuertes**. "Y ahora ¿qué?", se quejó Macedonio. "**¿Gigantes de tres cabezas?**".

"¡Anda!", se sorprendió Nora. "¡Son los conejos cantarines!".

Aunque no parecen muy contentos...

"No me extraña que no nos hayan recibido Petalito de Alhelí y Airada", dijo Nora. "Ya nos habían dicho que reina el **caos total y absoluto**".

"Parece que las cosas están yendo de mal en peor", añadió Macedonio.

"Busquemos un refugio para trazar un plan", decidió Nora con el mapa en la mano. "Esa casa parece segura".

Sin más, los conejos cantarines siguieron su camino. Ahora Nora y Macedonio oían otros **GRUÑIDOS** que sonaban cada vez más cerca.

En casa de Blancanieves parecía reinar la paz... Nada que ver con el resto del país de los cuentos.

¡Buenos días, amigos! Soy Blancanieves.

¡Hola! Yo soy Nora.

"Supongo que habréis oído hablar de mí", declaró. "Por todos es sabido que soy la más bella del reino".

"Lo siento", respondió Nora. "Creo que no he leído el cuento".

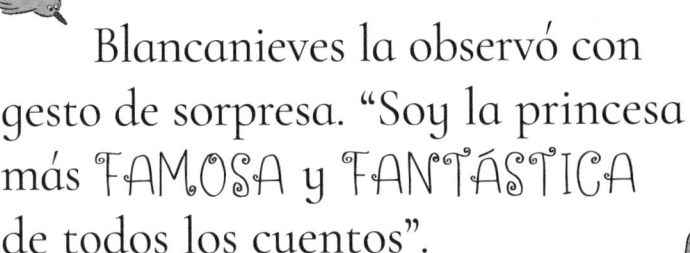

Blancanieves la observó con gesto de sorpresa. "Soy la princesa más FAMOSA y FANTÁSTICA de todos los cuentos".

Canto como un ruiseñor,

soy más buena que el pan,

grácil como un cisne...,

siempre me acompaña un cortejo de mariposas...

"Me alegro por ti", la cortó Nora, "pero tenemos un poco de prisa... El país de los cuentos está sumido en el caos y tenemos que encontrar cuanto antes a las hadas Petalito de Alhelí y Airada. ¿Sabes dónde están?".

Ya están de camino... Me avisaron de que vendríais.

¿Qué os parece si merendamos mientras tanto?

¡Pero qué buena idea!

69

Nora se sentó en un tocón que había allí cerca con la intención de dedicarse a pensar un rato en su **COSQUilladora**, pero no tardó en oír una voz carrasposa.

Nora aceptó la apetitosa manzana y se la llevó a la boca.

Justo en ese momento, Macedonio salió de la casa llevando una tarta en las pezuñas.

Mira lo que me ha dado esa señora tan amable.

Esa señora no tiene nada de amable, Nora... ¡Es la malvada madrastra de Blancanieves!

Mientras Macedonio le hablaba, Nora mordió la manzana...

¡NOOOOOOOOOOOOOOOOOO!

y cayó
como
sin vida
al suelo.

CAPÍTULO CINCO
La ciencia es para todos

Después, a Macedonio le pareció que todo ocurría **MUY** deprisa.

La madrastra se quitó el disfraz y salió huyendo entre **carcajadas**, justo cuando regresaban los siete enanitos del cuento.

Blancanieves, ¿estás bien?

Hemos vuelto a toda prisa, por si te había pasado algo.

Hay un caos tremendo por todas partes.

"A Blancanieves no le pasa nada, pero a mi amiga la han hechizado", les informó desconsolado Macedonio.

Dio un mordisco a la manzana envenenada de la malvada madrastra.

Al ver a Nora en el suelo, los siete enanitos la metieron en una urna de cristal que ya tenían preparada.

"Pero ¿qué hacéis?", protestó Macedonio. "¡Lo que necesitamos es romper el dichoso hechizo!".

"**QUE NADIE LA TOQUE** hasta que llegue el príncipe azul", dispuso el enano Barbigreñudo.

Eso es lo que ocurre en el cuento, así que no hay otra.

¡Menudo lío! No puedo dejar a Nora así.

"Ya conoces las leyes del **PAÍS DE LOS CUENTOS**, Macedonio", intervino el enanito Carimustio. "¡Interferir está terminantemente prohibido!".

Macedonio sabía que tenía razón. Sus interferencias en los cuentos habían hecho...

que un príncipe se desvaneciese,

que algunas hadas se portasen fatal...

y que los ogros malvados menguasen y desapareciesen del país de los cuentos, lo que acabó por sembrar allí el caos.

Blancanieves estaba **iracunda**. "¡Usurpadora!", protestó, hecha un basilisco.

"Nora *no pinta nada* en el país de los cuentos", insistió Macedonio. "Ella tiene que ir a un **concurso de inventos** en la biblioteca".

A punto estaba de zarandear a un enanito, cuando Petalito de Alhelí y Airada aparecieron de pronto.

"¡Caramba!", exclamó Petalito
cuando vio la urna de cristal.

"Me temo que Nora va a tener
que esperar a que llegue el príncipe".
"Podría tardar SIGLOS", apuntó
preocupado Macedonio.

Además, dudo
mucho que Nora
quiera casarse con
un príncipe.

Lo que quiere es ser la mejor inventora del mundo.

"Más le valdría haber leído algún cuento que otro", observó Airada. "Así habría sabido que no era buena idea comerse manzanas regaladas".

¡Esto es una INJUSTICIA!

"Me gustaría ayudar", anunció de pronto Petalito de Alhelí, "pero hay que encargarse de estos ogros, que no nos valen tan chicos".

"A ver cómo los devolvemos a su tamaño habitual para que las cosas se enderecen en el país de los cuentos", añadió Airada.

Luego nos pasamos a ver cómo os ha ido. Mientras tanto, ¡buena suerte!

"¡Menudo **EMBROLLO**!", se lamentó el enanito Naripincho.

"Macedonio, ¿y si usas tu cuerno para lanzar un **hechizo**?", propuso Blancanieves.

¡Qué va! Lo único mágico que sé hacer es echar purpurina y crear arcoíris.

"De poco vale eso para despertar a Nora", añadió. "Ay, ¿qué vamos a hacer? Ella es mi **MEJOR AMIGA** tanto en su mundo como en el mío".

"Tendremos que arreglárnoslas solos", declaró. "Pensemos un poco. ¿Qué haría Nora en una situación como en la que estamos?".

Macedonio se puso a discurrir.

¿Cómo voy a saber yo qué haría Nora si no soy Nora?

¡Y todavía no he probado esa tarta!

¡Olvídate de la merienda, Macedonio! Debes salvar a tu amiga.

Creo que es de chocolate... ¿Habrá quedado jugosa?

90

"¡Con la ayuda de la CIENCIA, seguro que resolvemos el problema!", afirmó Macedonio con la boca llena.

Aquí está la mochila de Nora.

"Pero... si no tenemos ni la más remota idea de cómo hacer ciencia", confesó la enanita Patiflora.

"¡Por supuestísimo que no!", espetó Blancanieves. "La ciencia no es para alguien como tú... ¡y mucho menos para alguien como YO!".

"¡Ja!", repuso Macedonio.

"La ciencia es para **TODO EL MUNDO**, y eso incluye tanto a enanitos como a princesas".

Y, sin más dilación, el unicornio abrió el ya famoso **cuaderno de notas** de Nora.

"Ya sé cómo vamos a lograr **romper** el hechizo y liberar a nuestra Nora. Y todo sin tocarle un pelo siquiera", anunció con gran satisfacción el unicornio.

"¿Cómo?", preguntaron los otros.

"¡Pues con su **cosquilladora!**", declaró con la pezuña alzada.

Recuerdo que Nora me contó que tiene muchas cosquillas.

Si construimos su invento, podremos despertar a Nora SIN tocarla para nada.

"Pero ¿cómo vamos a construirla?", preguntó Blancanieves.

"Siguiendo las instrucciones de la propia Nora", repuso su amigo.

COSQUILLADORA
(otro invento de Nora)

Materiales:

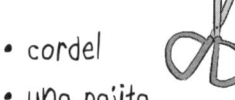

- cordel
- una pajita
- cinta adhesiva
- un globo

- una pinza para papel
- tijeras
- plumas
- 2 voluntarios

1. Corta un cordel fino de unos 3 metros y pásalo por una pajita de papel.

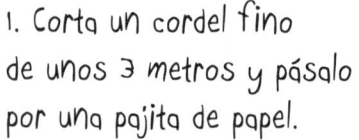

Pide a otra persona que sujete un extremo del cordel (o átalo a una silla si no tienes a nadie que te ayude).

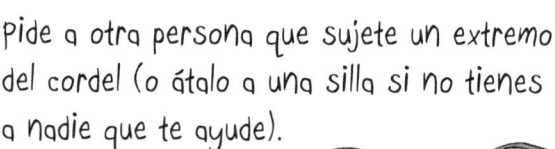

2. Infla un globo y cierra la boquilla con una pinza para papel.

3. Pega el globo a la pajita con cinta adhesiva.

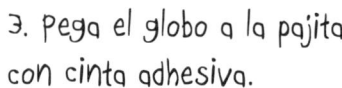

4. Pega plumas todo a lo largo de la parte inferior del globo.

5. Acerca el globo a un extremo del cordel con la boquilla hacia ti y tensa el cordel.

6. Pide a alguien que se ponga debajo del cordel, a medio camino entre los extremos.

7. Quita la pinza que sujeta la boquilla.

El aire saldrá del globo a presión y hará que avance por el cordel, haciendo cosquillas a su paso.

"Para que funcione, alguien tendrá que colocarse tanto a los pies como a la cabeza de la urna donde yace Nora", dispuso Macedonio.

"Yo cortaré el cordel con los dientes y Blancanieves lo ensartará por la pajita de papel", añadió.

"¿En serio tengo que participar?", protestó la delicada princesa.

"Las pezuñas no me dan para algo tan complicado", explicó con pesar el unicornio.

Haré como si cosiera...

100

Yo le pego las plumas.

La verdad es que me estoy divirtiendo.
¡Pues claro!

Cuando el invento estuvo listo,
todos se colocaron en sus puestos.

"Espero que funcione", dijo para
sus adentros Macedonio.

"¡Allá va!", exclamó Blancanieves
con la pinza en la mano.

El globo salió
DISPARADO.

Las plumas
rozaron la cara
de Nora.

La niña estornudó,

escupió la manzana

y se incorporó
con una carcajada.

¡Hemos roto
el hechizo
malvado!

¡Tres hurras
por la ciencia!

"¿Qué ha pasado?", preguntó Nora al ver aquel circo.

Antes de que a nadie le diera tiempo de contestar, se oyó...

TOCOTÓ TOCOTÓ TOCOTÓ TOCOTÓ

"Nora, sal de ahí, ¡RÁPIDO!", chilló de pronto Blancanieves.

Nora obedeció, no sin cierta confusión, y la princesa se metió en la urna de cristal de un **brinco** y cerró los ojos.

¡Qué rápida eres!

Al poco rato, apareció un apuesto príncipe.

Los enanitos se echaron a llorar de inmediato.

Macedonio se sumó al teatro...

¡Ay, ay, ay! ¡Qué pena!

Pero... ¿qué pasa? ¿Por qué lloráis?

¡Chitón! Que estás desentonando.

El príncipe se asomó a la urna y vio a Blancanieves.

¡Estoy enamorado!

¡Pero si no la conoces! ¿Cómo vas a estar enamorado?

Blancanieves abrió los ojos enseguida, antes de que Nora metiera la pata de nuevo.

"¡Mi príncipe!", exclamó con gran arrebato. "Tu amor me ha salvado. Vámonos juntos y vivamos felices comiendo perdices".

Al oír aquello, el príncipe la subió a su caballo y partieron al galope.

"Está repleto de ideas geniales", siguió en un susurro. "Me lo llevo, si no te importa, que seguro que me vendrá de perlas más adelante".

"**¡OYE!** ¡No te lleves mi cuaderno de notas!", reclamó Nora.

Nada que hacer. Blancanieves se alejaba ya en la distancia con su príncipe, cuaderno en mano.

"¡Oh, qué bien!", celebró Petalito de Alhelí, que había aparecido de pronto. "Habéis despertado a Nora. ¡Enhorabuena!".

Os traemos más buenas noticias.

"Los ogros vuelven a ser enormes", anunció el hada Airada, "y ya están corriendo desbocados una vez más por todo el país de los cuentos".

"Así que ya puedes volver a casa, Nora", añadió Petalito de Alhelí. "¿No decías que querías participar en un **CONCURSO DE INVENTOS**?".

"No he tenido tiempo de poner a prueba mi invento, y la carota de Blancanieves se ha quedado con mi **CUADERNO DE NOTAS**", se lamentó.

Mordiste una manzana envenenada y te quedaste profundamente dormida.

Blancanieves, los siete enanitos y un servidor construimos tu invento.

Rompimos todos juntos el hechizo con tu COSQUILLADORA, que es genial.

¡Y ahora yo también soy científico!

"¡Gracias, Macedonio!", exclamó Nora. "¡Eres un **GRAN AMIGO!**".

"Además", añadió el unicornio mientras se echaba la capa encima, "te voy a acompañar al concurso para decirte qué hacer *paso a paso*".

¡Genial! Aquí tenéis la nube de chispitas para volver a casa.

¡Vamos, amigo!

Nora llegó justo a tiempo
al **concurso de inventos**
y la cosquilladora causó furor.

Concedemos
el primer premio
a Nora, por
su magnífica
cosquilladora.

Lo mejor de todo para Nora
fue que el bueno de Macedonio
la **animara** desde los asientos
del público, aunque estuviera
oculto bajo su capa invisible.

Ya en la calle, ambos amigos
se dieron un fortísimo abrazo.
"Gracias por tu ayuda", dijo Nora.

Sin ti, no habría conseguido ganar el concurso.

"Y sin ti", repuso Macedonio,
"jamás habría descubierto que
la **ciencia** es, de verdad,
para todos...,
¡incluso para los unicornios!".

Macedonio tocó la campanilla y la nube de chispas apareció de nuevo para devolverlo a su país.

Esa noche, antes de acostarse, Nora echó un vistazo a su colección de cuentos. Quería saber qué había sido de Blancanieves...

Blancanieves

Una vez el príncipe azul y Blancanieves llegaron al castillo, la princesa se puso de inmediato a leer el cuaderno de notas que iba a cambiarle la vida.

"¡La ciencia es INCREÍBLE!", declaró en cuanto acabó la lectura, y le enseñó su nuevo descubrimiento al príncipe, que se mostró igual de entusiasmado. Juntos transformaron el ala oeste del castillo en un laboratorio GIGANTE.

Blancanieves refinó tanto sus dotes científicas que su madrastra malvada no se atrevió a importunarla nunca más.

Blancanieves

Los siete enanitos se mudaron con Blancanieves al castillo y se convirtieron en ayudantes de laboratorio. "Nos hemos cambiado el nombre", le anunciaron un buen día. "Ahora nos llamamos Magnetismo, Electricidad, Experimento, Dinamo, Chispa, Probeta y Paco".

A menudo, recibían la visita de eminencias científicas, como el gran Macedonio, el unicornio que inventó la máquina de galletas.

FIN

¡Este es, sin duda, un final perfecto para el cuento!

Aspirador de insectos
(pide ayuda a una persona adulta)

Materiales:

- Un tarro de cristal con tapa de rosca
- Cinta adhesiva
- 2 pajitas flexibles
- Un clavo largo
- Un martillo
- Tijeras
- Un cuadradito de gasa o media

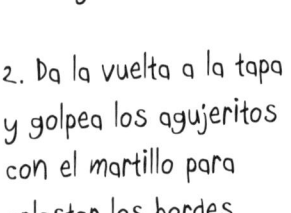

1. Con la ayuda del clavo y el martillo, haz dos agujeritos en la tapa del tarro a una distancia de entre 1,5 y 2,5 cm.

2. Da la vuelta a la tapa y golpea los agujeritos con el martillo para aplastar los bordes.

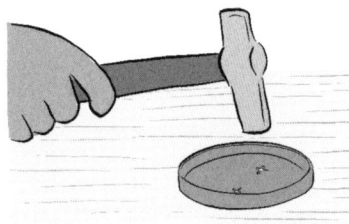

*Si no tienes un tarro de cristal, usa un recipiente de plástico con tapa. Haz los agujeritos con la punta de un compás o unas tijeritas de uñas y ensánchalos metiendo la punta de un lápiz. Los agujeritos pueden ir en la tapa o en cualquiera de los laterales del recipiente.

que hoy día está en manos de Blancanieves.

3. Recorta los extremos largos de las pajitas de modo que, una vez en el tarro, queden a media distancia del fondo.

4. Mete las pajitas por los agujeritos y sujétalas con cinta o masilla adhesiva.

5. Tapa uno de los extremos de la pajita con la gasa y sujétala con la cinta adhesiva. Marca esta pajita, que será la que te metas en la boca.

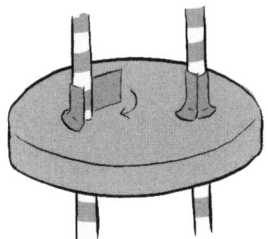

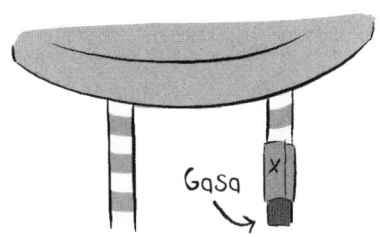

Gasa

6. Cierra el tarro con la tapa. Para atrapar un insecto, acércale la pajita sin marca y succiona por la otra.

Succiona siempre por la pajita que has marcado. La gasa impedirá que te comas el insecto.

Atrapa insectos que sean más pequeños que el agujerito de la pajita, y evita a toda costa los que puedan ser peligrosos, como las abejas o las avispas.

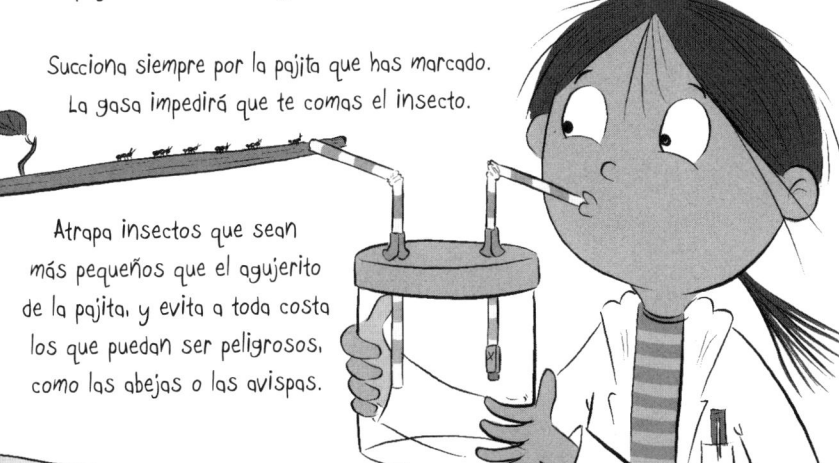

Trampa inofensiva para bichitos
(pide ayuda a una persona adulta)

Materiales:

- Una botella de plástico de 1,5 litros (de superficie lisa) • Cordel
- Un cúter • Cartulina • Tijeras • Cinta adhesiva • Una arandela
  - Un tubo largo de cartón de unos 2,5 cm de diámetro
    (por ejemplo, el tubo de un rollo de papel de regalo)
    - Un tornillo • Un trozo de papel de 10 x 8 cm

1. Primero traza una línea a media altura de la botella y pide a un adulto que la corte con el cúter.

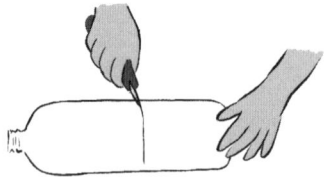

2. Aplasta el borde recortado de la mitad con boca y marca los dobleces. Da un pellizco arriba y otro abajo para que te queden cuatro esquinas.

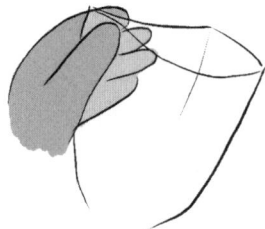

3. Marca bien el pliegue hasta unos 4 cm de cada esquina para dar forma cuadrada a todo el borde.

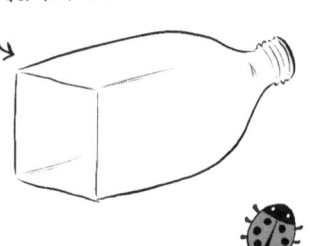

4. Ahora, para crear la tapa, corta la cartulina de modo que sobresalga 1 cm del borde de la botella por tres lados (ver paso 5). Luego, haz un agujerito en el centro con las tijeras.

5. Pega la tapa a uno de los bordes de la botella con cinta adhesiva.

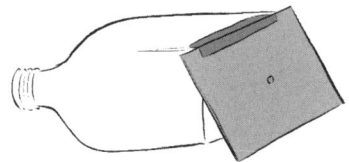

6. Pega con cinta adhesiva el tubo de cartón a la boca de la botella.

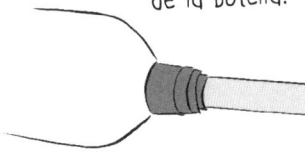

7. Pon el cordel sobre el papel y forma un cucurucho con el papel. Sujétalo con cinta adhesiva y ata el tornillo al extremo del cordel que sale de la punta del cucurucho.

8. Ensarta el otro extremo del cordel por el agujerito de la tapa de cartulina y anúdalo.

9. Mete el tornillo con el cordel por la botella y sácalo por el otro extremo del tubo. Coloca el cucurucho en la boca de la botella y pégalo con cinta adhesiva. Este cucurucho impedirá que los bichitos se escapen por el extremo del tubo.

Atrapa bichitos que sean de mayor tamaño que el agujero del tubo de cartón.

Por último, cambia el tornillo por una arandela.

¿Cómo funciona la cosquilladora?

Para comprender cómo funciona
la COSQUILLADORA, es necesario conocer
qué son las **FUERZAS**.

→ La FUERZA es lo que empuja o tira de un objeto
y hace que se mueva. Sin una fuerza, nada
empezaría a moverse jamás.

La COSQUILLADORA emplea una fuerza de EMPUJE.

El globo, al desinflarse, empuja el aire que tiene dentro
y hace que salga por la boquilla. El aire que sale empuja a
su vez el globo y hace que se mueva en el sentido OPUESTO.

Otro ejemplo sería lanzar una pelota mientras
llevas patines. La fuerza de tu lanzamiento haría

que la pelota avanzase,
pero en reacción a ello,
al mismo tiempo habría
otra fuerza que
te empujaría hacia
atrás, justo en
el sentido opuesto.

La cosquilladora se rige por este principio científico:

A toda acción se opone siempre una reacción igual y contraria.

Isaac Newton

LA SEGURIDAD
ES LO PRIMERO

MANEJA CON CUIDADO LOS OBJETOS CALIENTES
O PUNZANTES, Y NO TE LLEVES NADA A LA BOCA.
SI EN UN EXPERIMENTO HAY ALGO QUE NO SUELAS
HACER, PIDE AYUDA A UNA PERSONA ADULTA.

Diseño de la colección: Brenda Cole

Redactora de la colección: Lesley Sims

Diseño de la cubierta:
Katie Miller y Hannah Cobley

Traducción: Gemma Alonso de la Sierra